POL MERCIER ET PAUL LEGRAND

LE

CHEVRIER BLANC

« Le peuple, dont le goût s'est corrompu à la
longue, regarde la pantomime comme une
chose frivole.
« La foule a perdu le sens de ces hauts sym-
boles, de ces mystères profonds qui rendent
obscurs le poète et le philosophe : elle n'a plus
l'esprit assez subtil pour suivre et comprendre ce
rêve éveillé, ce voyage à travers les événements
et les choses, cette agitation perpétuelle, cette
turbulence sans but qui peint si bien la vie.
« La pantomime est la vraie comédie humaine ;
et, bien qu'elle n'emploie pas deux mille per-
sonnages, comme celle de M. de Balzac, elle n'en
est pas moins complète...

THÉOPHILE GAUTIER.

PARIS

IMPRIMERIE SIMON RAÇON ET Cᵗᵉ
RUE D'ERFURTH, 1

1856

LE
CHEVRIER BLANC

CONTE-PANTOMIME, A GRAND SPECTACLE,

EN CINQ TABLEAUX.

THÉATRE DE M. POL MERCIER

COMÉDIE-FRANÇAISE
Christian et Marguerite.

THÉATRE IMPÉRIAL DE L'ODÉON
Le Roman du Village.

GYMNASE-DRAMATIQUE
Un nuage au ciel.

THÉATRE DU VAUDEVILLE
Méridien.

THÉATRE DES FOLIES-NOUVELLES
Biribi.
La Sœur de Pierrot.

DU MÊME AUTEUR :

Sous presse

La Coloriste, roman en deux volumes.

FOLIES-NOUVELLES

LE
CHEVRIER
BLANC

Conte-Pantomime, à grand spectacle

EN CINQ TABLEAUX

PAR

MM. POL MERCIER ET PAUL LEGRAND

MUSIQUE DE M. HERVÉ

Représenté pour la première fois, à Paris,
le Jeudi 27 Décembre 1855.

PARIS

IMPRIMERIE SIMON RAÇON ET CIE
RUE D'ERFURTH, 1

1856

LE
CHEVRIER BLANC

PERSONNAGES ET ACTEURS

LE CHEVRIER CLAIR-DE-LUNE.   MM. PAUL LEGRAND.
LE CAPITAINE SOMBRACCUEIL.   LAURENT-
LE SÉNÉCHAL MIROTON DE MISTENFLUTE..   COSSARD.
ULRIC, jeune officier.   CHARLTONN.

ROSEMONDE DE LORÉAL.   Mmes { MIMA.
                                            { JULIENNE.
POTELUCHETTE, gardeuse de dindons.   JEANNE.
BLANCHE DE LYS, vieille négresse.   M. ÉMILE.

SEIGNEURS, DAMES NOBLES, VILLAGEOIS, VILLAGEOISES, BANDITS,
MOISSONNEURS, MOISSONNEUSES, ETC.

I

Il était une fois, dans le Poitou, un chevrier qui passait pour sorcier.

Comme il avait le teint pâle, des vêtements blafards, on l'appelait le *chevrier blanc*.

Et comme, affamé, inoffensif, ce bohémien de vallées errait autour des fermes, des métairies, couchant la nuit dans les taillis, dans les broussailles ou sur la dure, à la belle étoile, les paysans du canton l'avaient surnommé Clair-de-Lune.

Clair-de-Lune était en relations suivies d'intimité

avec les chèvres et les brebis d'un château voisin, le manoir de Loréal. Il les avait toutes baptisées d'un nom mystique, et, à son appel, chacune de ses apprivoisées venait familièrement lui manger dans la main.

Connu de tous les gens du manoir, Clair-de-Lune y pénétrait sans qu'on prît garde à sa venue; on remplissait, à la cuisine, son bissac d'œufs frais, de fromage et de pain bis; s'il n'avait pas eu l'humeur si vagabonde, il aurait même eu sa petite place à poste fixe parmi les domestiques du château, attendu que son vieux père en avait été autrefois le jardinier.

Une jeune gardeuse de dindons, Poteluchette, grosse réjouie, dodue, appétissante, servante-laitière dans une petite ferme des environs, avait, depuis les cerises, fait palpiter le cœur de Clair-de-Lune : Il allait de temps à autre lui montrer à l'improviste le bout de son museau blanc.

Poteluchette, seule peut-être, comprenait Clair-de-Lune. — Il n'est pas si sorcier qu'il en a l'air, pensait la délurée villageoise, quand le chevrier, tendre, amoureux, entreprenant, la pressait, la lutinait, finissait par appliquer de vigoureux baisers sur ses épaules rebondies.

Un jour que Poteluchette battait, à la ferme, du beurre dans une baratte, l'écho lui apporte un son lointain de cors de chasse; des aboiements multi-pliés de meutes de chiens retentissent dans la forêt voisine, et presque aussitôt Ulric, jeune officier sans fortune, entre discrètement dans la ferme.

En apercevant Ulric, le fils orphelin d'anciens maîtres qu'elle avait beaucoup aimés, Poteluchette quitte son ouvrage et va vers lui avec empresse-ment :

— Vous ici, monsieur Ulric! Quel bonheur de vous voir!...

— Chut! fait le jeune homme en mettant le doigt sur les lèvres, je ne veux pas qu'on sache que je suis entré dans cette ferme.. ne me trahis pas!...

Et il entr'ouvre aussitôt la croisée qui donne sur la campagne...

— Elle est là! c'est elle! dans cette chasse.. je la vois!... fait à part Ulric, dont la figure s'illumine de joie...

Quelque amourette ! pense Poteluchette en souriant. Et elle va déposer sa baratte dans un coin.

Apparaît alors Clair-de-Lune, qui vient du pré faire brouter ses chèvres.

La présence d'Ulric lui cause le plus vif plaisir. La mère de Clair-de-Lune fut jadis la nourrice d'Ulric. Une inexprimable sympathie rapproche ces deux hommes, placés pourtant dans des conditions si différentes.

— Te voilà ! fait Ulric au berger.

— Oui, mon frère de lait... car c'est mon frère de lait, dit orgueilleusement Clair-de-Lune à Poteluchette.

— Tiens ! voilà pour toi ! mon garçon, interrompt Ulric en montrant au chevrier une épingle d'argent découpée à jour, en forme de cœur, comme les portent les villageois.

— Oh !... superbe !... Fais donc voir, demande curieusement Poteluchette.

— Tu veux me prendre mon cœur !... s'écrie Clair-de-Lune en reculant d'un pas !...

— Garde cela toujours en souvenir de moi... dit Ulric.

— Toujours! répond le chevrier.

— Car, vois-tu, je n'ai pas pour longtemps à vivre... Je suis le plus malheureux des hommes!...

— Malheureux ! vous !...

— Pauvre, obscur, orphelin, séparé pour jamais de la seule femme que j'aime, la jeune comtesse Rosemonde de Loréal!... que son tuteur, le sénéchal, va bientôt sacrifier à cet affreux mulâtre, le capitaine Sombraccueil...

— Oh! ce mariage n'est pas fait!... interrompt Clair-de-Lune avec un regard significatif!...

— Et tout cela... parce qu'il a de l'or... beaucoup d'or! réplique Ulric...

— Voyons! ne vous désolez-pas! ajoute Clair-de-Lune... j'ai peut-être un moyen de vous servir...

— Toi! s'écrie Ulric, qui hoche la tête avec découragement.

— Une idée!... dit le chevrier en se frappant le front comme s'il lui venait un trait de génie... Il se penche à l'oreille de Poteluchette pour lui faire part de son projet. — Celle-ci pouffe de rire... Mais soudain, le bruit du cor redoublant au dehors,

Ulric tressaille, pousse un cri, disparaît, s'engage vivement dans une allée de la forêt.

Clair-de-Lune et Poteluchette le suivent de l'œil avec quelque inquiétude. — A leur émotion subite, partagée, on devine qu'il se passe sous leurs yeux quelque chose d'extraordinaire...

Bientôt Ulric reparaît à la ferme, soutenant dans ses bras une jeune fille vêtue d'un costume d'amazone.

C'est Rosemonde de Loréal, dont le cheval s'est abattu près d'une fondrière, et qu'Ulric vient de préserver d'un péril certain.

A peine Rosemonde est-elle assise auprès d'une petite table, où Clair-de-Lune, Ulric et Poteluchette lui prodiguent des soins, qu'elle les remercie tous les trois avec la plus grande affabilité.

Clair-de-Lune s'empresse de placer un petit escabeau sous les pieds de la jeune comtesse.

Rosemonde effleure amicalement de la main la joue du pâlot Clair-de-Lune, qu'elle reconnaît.

Le chevrier, heureux de cette caresse comme un chien fidèle, témoigne de sa gratitude par un soubresaut de plaisir.

Il désigne alors à la jeune fille son libérateur, ce beau jeune homme qui est là près d'elle.

Ulric, l'air modeste et tremblant, n'ose s'avancer auprès de Rosemonde. Le rang, la naissance, tout l'éloigne de sa bien-aimée.

Rosemonde rougit en reconnaissant le jeune cavalier qui depuis plusieurs mois suit constamment sa trace.

Clair-de-Lune, en passant près d'Ulric, le pousse d'un petit coup de coude, et fait rapprocher l'amoureux, un peu malgré lui, de la jeune comtesse.

Le chevrier avance même, intentionnellement, une chaise derrière Ulric, et, d'un autre coup d'épaule il le fait asseoir auprès de Rosemonde.

Poteluchette dit à la jeune fille qu'elle serait bien aimable si elle voulait accepter la moindre chose, une tasse de crème.

— Très-volontiers, de grand cœur, répond la comtesse.

Et Poteluchette va écrémer, à l'intention de Rosemonde, sa meilleure jatte fraîche tirée.

Rosemonde est orpheline.

Son père, le comte de Loréal, frappé devant

Blaye, en combattant pour le roi Charles VIII, l'a laissée mineure.

Et, malheureusement, tous les biens de la jeune comtesse sont grevés de dettes.

Une espèce de vieux ladre, de vieux fripon, le sénéchal **Miroton de Mistenflute**, nommé tuteur de la jeune fille, est chargé de procéder à la liquidation de ses biens : on doit même vendre prochainement le manoir de la dernière héritière des comtes de Loréal.

Clair-de-Lune, qui se trouve derrière les deux énamourés, fait signe à **Ulric** d'oser, d'avoir de l'audace. Oh ! s'il était à la place de son frère de lait, comme il aurait déjà baisé la main de **Rosemonde** !

Poteluchette présente à la belle jeune fille une tasse de crème.

Le chevrier, qui est passablement friand, se fait administrer par Poteluchette une vaste moque de lait, et, tout en ne perdant pas de vue les jeunes gens, il émiette dans sa moque un gros morceau de pain bis qu'il a tiré de sa besace.

A table, en face l'un de l'autre, **Ulric** et **Rose-**

monde s'enhardissent bientôt et jasent avec quelque abandon.

Clair-de-Lune, qui pendant ce temps s'est assis par terre, retire, par la queue, de sa tasse de crème une petite souris qui frétille ; la souris est bientôt punie de son indiscrétion, car le chat, qui passe, n'en fait qu'une bouchée !...

Mais Poteluchette, qui veillait sur le seuil de la ferme, revient empressée en disant que voici du monde.

Ulric et Rosemonde se lèvent alors rapidement, et se mettent à distance l'un de l'autre.

C'est le capitaine Sombraccueil qui se montre, et promène sur les assistants un regard de défiance.

Le mulâtre, qui fait partie de la chasse dans la forêt, s'est aperçu de la disparition de la jeune comtesse.

Il la cherchait vainement, depuis quelques instants, par tous les sentiers du bois.

En voyant Rosemonde dans cette ferme, auprès d'Ulric, Sombraccueil ne peut dissimuler un mouvement de rage.

Le capitaine mulâtre est connu dans le pays par

ses excès et ses désordres. Les jeunes villageoises trouvent qu'il ressemble à Lucifer, et s'enfuient à son approche.

D'une férocité instinctive, Sombraccueil va droit à l'obstacle sans le tourner. Hypocrite, rusé, audacieux, il a trouvé le moyen, avec une grande fortune, qu'il a, dit-on, apportée des îles, de frayer avec plusieurs seigneurs de la contrée, dont il flatte les goûts de débauche et les mauvais instincts. Il partage leurs jeux, leurs plaisirs. Mais les gens du peuple redoutent la sinistre physionomie du mulâtre.

Quelques-uns prétendent même qu'on voit parfois sa sombre silhouette se découper, la nuit, sur un grand coursier noir, au milieu de la tempête et des éclairs, et s'abîmer au loin dans les roches sauvages de la forêt.

Sombraccueil est l'un des soupirants assidus de la comtesse Rosemonde. Il espère obtenir bientôt son château à vil prix, et se constituer un blason avec les armes des comtes de Loréal : trois léopards lamés d'argent sur un champ de gueules.

— Que je possède d'abord le manoir, s'est dit le mulâtre, et j'aurai bientôt la châtelaine!...

Le vieux sénéchal Miroton de Mistenflute. entrant en ce moment, par le fond, heurte Clair-de-Lune, qui s'est accroupi en travers de la porte, et tombe les quatre fers en l'air.

Poteluchette cherche à relever, tant bien que mal, cette vieille caricature, et la conduit auprès d'une chaise que Clair-de-Lune retire en s'excusant.

Le derrière du sénéchal fait explosion sur le sol. Son chapeau tombe à ses côtés. Le chevrier le ramasse dolemment. Il feint de l'épousseter, d'en lisser complaisamment le feutre avec son coude, l'air stupide, hébété; car, pour tous ces gens-là, il faut que Clair-de-Lune passe pour un fou, un idiot : il faut qu'ils le croient. Pour arriver à les prendre dans tous les piéges qu'il va leur tendre, il faut que le chevrier blanc, le vagabond du pays, comme on dit, ne leur porte aucun ombrage.

Le madré Clair-de-Lune a son idée... et il espère qu'elle aura du ressort !...

Sombraccueil prête, tant bien que mal, assistance au sénéchal, qui se frotte péniblement l'échine. Le mulâtre a su se gagner ce vieux coquin, auquel il sait adroitement, de temps à autre, graisser la patte. Aussi de Mistenflute lui a-t-il promis de servir tous ses projets, moyennant un bon pot-de-vin. Les petits cadeaux entretiennent l'amitié.

Après avoir jeté à Ulric un regard fatal, Sombraccueil présente la main à la comtesse, pour la ramener à la chasse.

Le jeune officier s'élance au devant de Rosemonde, et s'empare de la main gantée que le mulâtre allait saisir.

— Malheur à lui! fait le mulâtre, qui frissonne de colère.

Rosemonde livre sa main à Ulric avec un bienveillant sourire.

Poteluchette rend au sénéchal le chapeau que Clair-de-Lune lui a brossé, sans s'apercevoir qu'on l'a orné d'une longue ligature de paille qui forme un roide plumet.

Miroton, sans se douter de rien, met gravement le chapeau sur sa tête, et se dispose à accompagner le mulâtre, furieux de l'audace d'Ulric.

Clair-de-Lune, qui vient de s'emparer du chat de la ferme, l'accroche adroitement sur le dos du manteau d'hermine du sénéchal. Le pauvre minet miaule et se débat, par soubresauts, sur les hanches de Mistenflute épouvanté.

Le malin chevrier et la gardeuse de dindons étouffent de rire à l'écart en voyant la panique du vieux bonhomme.

— Chut! fait Clair-de-Lune : demain dès l'aube du jour au manoir de Loréal !

— J'y vais porter le lait, réplique Poteluchette.

— Ah! je leur ménage un tour de ma façon, dit le chevrier blanc. Tu verras !

Il embrasse Poteluchette avec épanouissement, comme pour se donner du courage. — Tous deux se quittent avec un signe d'intelligence.

Et le son du cor résonne en s'éloignant, en se perdant dans la forêt.

II

Il fait nuit. L'horloge d'une salle basse du château de Loréal sonne trois heures.

L'allée d'un cloître s'argente bientôt d'un blanc reflet, et, tout au fond, une forme mystérieuse se dessine. C'est Clair-de-Lune qui descend l'allée, à pas comptés, s'arrêtant, par intervalles, avec inquiétude, comme pour écouter si le silence du château répond seul au bruit de ses pas.

Arrivé au milieu de la salle basse, le chevrier

tire de son bissac une petite lanterne sourde allumée.

Après s'être orienté, il se dirige avec précaution vers un panneau secret. Il tire son couteau de sa poche, fait jouer le couteau sur un ressort : le panneau cède, il s'ouvre !...

Clair-de-Lune retire de la boiserie une petite cassette remplie de pièces d'or, puis un portefeuille qui regorge de valeurs.

Lui seul sait par son père, ancien jardinier du château, que tous ces trésors enfouis là sont à Rosemonde de Loréal, à la fille du comte, son révéré maître.

— Et ils serviraient à enrichir ce satané mulâtre, à qui on veut sacrifier Rosemonde, la maîtresse adorée d'Ulric, mon frère de lait! Non, jamais! Je ne dois rien trahir encore, car nous sommes entourés de piéges et d'embûches. Mon père, en expirant, m'a fait jurer de me taire jusqu'à la majorité de la jeune comtesse; mais bientôt.. — Ah! ah! ah! s'interrompt-il avec un petit rire aigu, saccadé : ils disent que je suis idiot, que je suis fou! Très-bien, qu'ils le croient : car, si on soupçonnait jamais

que cette fortune, que je ne rendrai qu'à elle, à elle
seule…

Et il remue avec complaisance les pièces d'or à
pleines mains dans la cassette.

Tout à coup, au bruit que fait l'or, il est pris
d'une sueur froide.

— Par-là, n'ai-je pas entendu!…

Il referme vivement la cassette, en mettant le
genou dessus. Il est anxieux, il prête l'oreille.

— Rien, se dit-il.

Puis il replace avec soin la cassette dans le panneau de la boiserie.

Quant au portefeuille, il le garde et il le cache
au fond de sa besace.

Dans son exploration, Clair-de-Lune heurte in-
volontairement le bras d'une vieille armure, dont
les bras pantelants agitent leurs annelets de fer
avec un cliquetis d'acier et de cotte de mailles.

— Oh! oh! se dit-il, le Jean-sans-Peur qui la
portait, celle-là, les os ne lui font plus mal.

Le jour commençant à poindre par l'allée du cloître, Clair-de-Lune souffle sa lanterne.

Un bruit de pas lui donne l'éveil; il se blottit derrière un fauteuil.

C'est Rosemonde de Loréal, sa mante sur le bras, qui entre par une petite porte basse. La jeune fille, inquiète, absorbée, va respirer l'air frais du matin dans le jardin du château.

Ce qui la préoccupe, une blanche marguerite qu'elle tient à la main et dont elle effeuille les pétales, vous le dira mieux que nous.

— Il m'aime.

— Un peu.

— Du tout.

— Par fantaisie.

— Par jalousie.

— Passionnément.

Pas du tout.

Quand de sa pauvre marguerite, si tourmentée, il ne reste plus que la corolle, elle jette un petit cri en se sentant tirée par le bas de sa robe.

C'est Clair-de-Lune qui en baise l'étoffe avec un pieux dévouement.

— Ah! tu es là! dit Rosemonde mi-effrayée.

— Oui, fait le chevrier blanc, qui lui présente

d'un air mystérieux un petit papier plié en forme de lettre, qu'il tire de dessous sa veste.

— Pour moi? demande la jeune fille.

— Oui, oui, prenez, dit Clair-de-Lune respectueux et discret.

A peine Rosemonde a-t-elle jeté les yeux sur le billet, que tous ses traits rayonnent de bonheur.

C'est un mot d'Ulric, de l'objet de ses pensées.

Et cependant elle est bien triste et découragée, car c'est aujourd'hui même qu'on vend le château de ses pères.

Mais soudain on entend sonner bruyamment dans le couloir.

— Faut-il ouvrir? demande Clair-de-Lune à la jeune fille.

— Sans doute, répond Rosemonde.

C'est Poteluchette qui entre avec des *jalons* de lait, pendus par des cordes de chaque côté de son corps; elle vient approvisionner le château.

La joyeuse laitière fait plusieurs révérences à la comtesse, qui l'accueille très-amicalement.

Rosemonde prend même Poteluchette à part:

— Eh bien, depuis hier, l'as-tu revu?

Monsieur Ulric? Non, répond la laitière.

— N'est-ce pas qu'il a l'air bien, noble, distingué?

— Il est charmant, répond Poteluchette en souriant.

— Et tu crois qu'il m'aime?

— Parbleu!

— Autant que je l'aime, moi?

— Dame! interrogez-le vous-même, dit la sournoise Poteluchette en se retirant un peu.

Et elle laisse voir Ulric, qui est blotti derrière sa cape, et qu'elle introduit furtivement au château.

Le jeune homme se trouve ainsi, les mains jointes et à genoux, devant Rosemonde.

La voix du vieux sénéchal, qui tousse dans l'allée du cloître, vient jeter l'effroi dans le cœur des amants.

Clair-de-Lune fait rapidement décrire une courbe à un petit paravent qui se trouve sous sa main, et il dissimule les tourtereaux à l'œil de Miroton, qui arrive à pas lents.

Poteluchette garde l'entrée du paravent, et le

vieux barbon, qui la trouve gentille, lui tapote la joue en semblant dire : « Ah ! si vieillesse pouvait ! » Cette pauvre Poteluchette n'ose pas bouger, de peur de découvrir les amoureux.

Ah ! ce vieux gredin-là n'inspire vraiment aucune espèce de sympathie.

Il ordonne bientôt à Clair-de-Lune, qui grimace l'idiot devant lui et l'effraye de ses contorsions, de prendre sur un meuble un petite planchette longue où on lit écrit en grosses lettres :

VENTE DU MANOIR DE LORÉAL.

Puis il enjoint au chevrier de fixer l'inscription sur le fronton intérieur de la porte du fond.

Au moment d'exécuter l'ordre, Clair-de-Lune applique le bout de la planchette sur la face du capitaine mulâtre, qui se présente dans le fond.

Sombraccueil montre le poing à Clair-de-Lune, qui, pour toute réponse, se dresse craintivement le long de la muraille.

Après que le mulâtre a échangé quelques mots d'intelligence avec le sénéchal, qui va tout à l'heure présider la vente du château, celui-ci ordonne à Clair-de-Lune d'avancer une table.

Le chevrier obéit, mais il pose lourdement l'un des pieds de cette table sur l'œil de perdrix du vieux sénéchal, qui pousse un cri de douleur. Miroton heurte si fort le capitaine mulâtre, qui se trouve à ses côtés, que celui-ci renverse par contre-coup le petit paravent qui abrite les jeunes gens.

Sombraccueil aperçoit Ulric, qui dépose en ce moment un baiser sur la main de Rosemonde, et il pousse un rugissement.

D'un bond il va chercher le vieux sénéchal pour lui faire part de sa découverte; mais il compte sans Clair-de-Lune, qui a été ouvrir en dehors une petite porte secrète par laquelle Ulric s'échappe avec l'agilité d'un écureuil.

Quand de Mistenflûte et Sombraccueil arrivent, ils trouvent Rosemonde seule, tranquillement occupée à se mirer, à s'attifer devant une glace.

Rosemonde affirme à son tuteur, qui l'interroge, que le capitaine mulâtre a rêvé qu'elle fût avec quelqu'un. Elle n'a positivement vu personne.

De rage, le mulâtre ébranle et bouscule le petit

paravent, que Clair-de-Lune replie sur lui-même et fait disparaître en leur riant au nez.

Entrent alors dans la salle basse du château seigneurs, dames nobles, bourgeois, fermiers, villageoises, etc., etc., qui viennent assister à la vente du manoir de Loréal.

Les groupes se massent, s'installent avec ordre, et le sénéchal, entouré des gens de loi, prend place à la table du milieu et ouvre magistralement la séance.

Poteluchette a rejoint Rosemonde, qu'elle veut emmener. Rosemonde dit qu'elle aura du courage jusqu'au bout, et qu'elle veut assister, derrière une tenture, dérobée à tous les yeux, à ces pénibles apprêts.

Le sénéchal, qui vient d'allumer une petite bougie, tient un acte à la main qu'il s'apprête à lire.

Clair-de-Lune, qui rôde sous la table, où il s'est blotti, déplace la bougie et la met sous le papier tenu par de Mistenflute. L'acte s'enflamme. Émoi du sénéchal et des assistants.

On gourmande Clair-de-Lune de sa maladresse.

— Euh! répond celui-ci d'un air abruti, en tirant la langue à l'assemblée.

— Il est fou.

— C'est un idiot.

— Va-t'en, fait le sénéchal au chevrier, je te chasse; tu n'as que faire ici.

Et il ordonne qu'on éloigne Clair-de-Lune de la vente.

Clair-de-Lune passe de mains en mains, pressé, poussé, bousculé, tourmenté, tiraillé, harcelé, ballotté, et il disparaît, non sans avoir fait tomber sur son passage une pluie de giffles, de calottes, de coups de pied et de coups de poing, en veux-tu, en voilà!

Un seigneur et un gros fermier, qui paraissent en rivalité, s'excitent bientôt à faire monter le prix du château.

Soudain le capitaine mulâtre, qui depuis le commencement de la séance est resté immobile, appuie d'un air altier la main sur la table, et indique qu'il met une somme beaucoup plus forte.

Sensation dans l'assemblée.

Ulric, qui vient de reparaître, va droit au mulâtre, en ce moment triomphant ; il lui saisit le bras, l'attire à part avec une visible émotion, et lui dit :

— A vous le manoir de Loréal ! à vous sa noble châtelaine ! Jamais !

Et il lui jette son gant à la face.

Le capitaine mulâtre se redresse avec fureur.

— C'est bien, réplique Ulric, pas d'éclat, de scandale ; à demain, près du torrent de la forêt : combat à outrance, sans témoins.

Et les deux hommes se défient à part, à mi-voix, pour un engagement mortel.

L'agitation d'Ulric n'échappe pas à Rosemonde, qui ne le perd pas de vue. Son inquiétude est sans bornes.

Le château va être adjugé au capitaine mulâtre, quand on entend une voix caverneuse s'écrier :

— Arrêtez !

Et l'armure de la salle basse se détache de son piédestal, elle s'avance lentement vers la table de la vente et indique par son geste qu'elle surenchérit.

On ne peut se faire une idée de l'effroi, de la stupéfaction générale.

Les cheveux du capitaine mulâtre se dressent de frénésie.

L'armure a mis un prix si fabuleux, que personne ne saurait plus le dépasser.

Elle dépose entre les mains du sénéchal un portefeuille de maroquin rouge.

De Misteuflute ouvre le portefeuille, il est plein de billets de banque : c'est la somme que l'armure a fixée.

L'épouvante gagne le sénéchal, les paysans, les femmes, tout le monde. Le parchemin, titre de possession du château, est abandonné à l'armure, et chacun recule avec terreur devant chaque pas de ce fantôme bardé et cuirassé de fer. En un clin d'œil l'assemblée s'est dispersée avec des cris de stupeur.

Un éloquent regard de provocation s'échange seulement, au milieu de ce désarroi, entre Sombraccueil et Ulric. Le sang-froid du cynique capitaine mulâtre est presque ébranlé de cet événement inattendu. Il rejoint vivement le sénéchal, qui déguerpit à perdre haleine.

— Ah ! ah ! ah ! fait tout à coup Clair-de-Lune

en relevant la visière de son casque dès qu'il se
trouve seul en face d'Ulric, de Rosemonde et de
Poteluchette, c'est moi. Silence ! n'ayez pas peur,
et fiez-vous au chevrier blanc.

— Quoi !

— Allez, fuyez, jetez les hauts cris : feignez de
vous sauver et laissez-moi.

Tous les trois disparaissent par différents côtés,
dissimulant des éclats de rire.

Et Clair-de-Lune se met à danser dans son armure, faisant mouvoir sa ferblanterie de brassarts
et de cuissarts, comme les bras et les jambes d'un
polichinelle de vingt-huit sous dont on tire la
ficelle.

III

Au centre de l'ombreuse forêt où chassait, il y a quelques jours, Rosemonde de Loréal, est un site sauvage, gazonné de tapis de mousse et de pelouses vertes.

En face de ce site délicieux, une cascade d'eau jaillissante descend du haut d'un groupe de rochers noirs, et va se perdre dans un torrent profond.

Une planche, jetée d'un rocher à l'autre, forme, sur ce torrent, une espèce de petit pont où l'on ne s'aventure que rarement, quoiqu'il diminue de moitié le chemin.

Il est midi, le soleil est resplendissant, mille oiseaux babillent dans les rameaux touffus des chênes séculaires.

Tout à coup ils prennent la volée et s'éparpillent dans l'air avec des petits cris aigus. — C'est que quelqu'un survient, enveloppé dans un large manteau brun : tout est silence... on n'entend plus qu'un bruit de pas et le murmure de la cascade.

L'homme qu'enveloppe ce manteau, c'est Sombraccueil.

Il s'avance avec précaution, somme un coup de cornet que les échos de la forêt répètent en gémissant.

Cet appel est un signal.

Deux shires apparaissent soudain, armés jusqu'aux dents.

Car le capitaine mulâtre, avec son luxe effréné et ses prétendues richesses, n'est rien autre qu'un chef de bandits.

Sombraccueil informe ses deux satellites de la

prochaine arrivée du jeune blanc-bec qui ose lui disputer la châtelaine de Loréal.

Mais il possédera Rosemonde à tout prix, d'autant plus qu'Ulric, son rival, a donné, tête baissée, dans un guet-apens.

Le jeune officier doit venir tantôt près d'ici, dans cette partie du bois, se battre avec lui.

— Ah! ah! se battre! lui! plus souvent! courir les chances d'un duel! Il préfère qu'on se débarrasse d'Ulric à coups de poignard. C'est plus sûr et plus expéditif.

Clair-de-Lune, qui depuis un instant a séparé le feuillage d'un épais buisson où il s'est blotti, épie, observe, surveille les trois bandits.

— Écoute, dit Sombraccueil à Saigne-à-Blanc, son premier lieutenant, tout à l'heure aura lieu sur ces pelouses une fête champêtre. Oui, j'ai appris que les moissonneuses ont choisi pour marraine de leur gerbaude Rosemonde de Loréal. Je veux apporter mon divertissement à la fête. Pendant que vous amuserez le tapis dans ces chevaux de carton, armés et caparaçonnés, avec lesquels, la nuit, nous effrayons, nous détroussons si souvent les voyageurs, pendant que vous captiverez l'attention en exécutant, devant tous ces bons villageois, la parodie d'un tournoi, moi j'enlèverai Rosemonde de Loréal…

— Ah! tas de gueusards! fait Clair-de-Lune en disparaissant dans les profondeurs de son buisson.

Le son des musettes de la fête des moissonneurs retentissant aux alentours, le capitaine mulâtre fait signe aux deux malandrins de s'éloigner.

Les brigands disparus, Sombraccueil va à la rencontre du vieux sénéchal, qui précède sa pupille, et il a l'air de se concerter à mi-voix avec lui.

Que se disent-ils? je l'ignore. — Toujours est-il que je crois voir le capitaine mulâtre glisser une bourse, abondamment pourvue, dans les mains du vieil harpagon de sénéchal, puis, sur un nouveau signe d'intelligence, s'éloigner rapidement.

De Mistenflute se trouvant près du buisson où Clair-de-Lune est ramassé sur lui-même, l'endiablé chevrier imite la voix d'un dogue en colère.

Le sénéchal fait un saut, tremblant de tous ses membres, comme s'il avait peur d'être mordu par ce chien maudit.

Mais, précédées par des joueurs de musette et de

galoubet, arrivent bientôt Rosemonde de Loréal et Poteluchette; paysans et paysannes endimanchés les accompagnent; les hommes agitent leurs chapeaux sur les pas de Rosemonde, la châtelaine bien-aimée du canton; les femmes lui jettent, en signe de réjouissance, des bouquets de fleurs des champs.

A peine la jeune comtesse a-t-elle pris place sur un banc de gazon, que quatre moissonneuses, serpe d'une main, gerbe de blé de l'autre, entrent en dansant autour d'une fraîche gerbaude fleurie qui s'ouvre bientôt en éventail, et laisse voir une gentille villageoise butinant sur le pré bluets et coquelicots, preste et volage comme un papillon.

A ce ballet animé succède un spectacle burlesque.

Deux chevaliers, habilement logés dans des chevaux de carton, s'avancent, lance au poing, et se font des saluts de combat.

Un troisième chevalier arrive bientôt en champ clos, visière baissée, avec un casque extravagant et une plume rouge impossible : — c'est Clair-de-Lune.

Pour déjouer le complot de Sombraccueil, pour

veiller sur Rosemonde, le chevrier blanc s'est sub-
stitué à l'un des bandits, dont il s'est débarrassé,
Dieu seul sait comment ! Il vient se mêler aux jeux
des brigands, et, dans son fougueux coursier de
carton, il a l'air de faire cause commune avec les
coquins qui le prennent pour un des leurs.

Depuis un instant, le soleil s'est voilé, les nuages
noirs qui s'amoncelaient à l'horizon enveloppent le
ciel et crèvent tout à coup.

Un éclair sillonne la nue... l'orage gronde...
Chacun s'abrite, s'éloigne comme il peut; la fête se
disperse sous de larges gouttes de pluie.

Ulric, qui a donné rendez-vous au capitaine mulâtre près du torrent, arrive sur ces entrefaites; il
veut prêter assistance à Rosemonde de Loréal, mais
le passage lui est barré par le museau du cheval de
l'un des bandits. Ulric se détourne, il faut qu'il
passe... Vive Dieu ! il passera ! Le second scélérat
lui intercepte la route et va le frapper, quand Clair-
de-Lune fend l'espace au grand galop, ménage adroitement, de sa lance, un dégagement au jeune officier, se montre à lui seul, et lui dit :

— Fuyez!... vous n'avez pas un instant à perdre,
fuyez ou vous êtes mort!...

Ulric s'échappe par le premier sentier qui s'offre
à lui.

Ce n'est pas tout : Clair-de-Lune, en présence de
ses deux champions redoutables, fait signe qu'il va
les rosser crânement.

Un combat terrible s'engage alors entre lui et les
malandrins; il les buche à plate couture. Clair-de-
Lune leur assène des coups si sûrs, si violents, qu'il
les abat, les renverse, les pelotonne sur le sol, et
reste bientôt maître du champ de bataille!...

Alors le capitaine mulâtre gravit le rocher du
fond. Il passe sur le petit pont du torrent, et fait
signe au vieux sénéchal, qui accompagne Rosemonde, de la conduire de ce côté, où il lui ménage
un abri.

De Mistenflute, de connivence avec Sombraccueil,
engage la jeune comtesse à se risquer sur le petit
pont pour abréger le chemin. La jeune comtesse
hésite, résiste, veut faire un pas en arrière; mais le
capitaine mulâtre la saisit d'une main vigoureuse

l'attire vers lui et la fait vivement passer sur la planche vacillante.

Clair-de-Lune, qui s'est vivement débarrassé de son cheval, de son casque, pousse un cri en voyant la châtelaine abandonnée aux mains du capitaine mulâtre. — Il s'élance d'un bond sur le flanc de la butte malaisée, qu'il gravit comme un chevreau, se cramponnant aux accidents, aux interstices du rocher.

Clair-de-Lune va franchir le petit pont pour atteindre le mulâtre, qui s'enfuit avec la jeune fille qu'il enlève. Sombraccueil tient Rosemonde d'une main et une hachette de l'autre. En voyant arriver le chevrier blanc auprès de la châtelaine, qui devine trop tard dans quel piége elle est tombée, et oppose la plus vive résistance, le capitaine mulâtre fait voler, d'un coup de sa hachette, le pont en éclats. Le passage est intercepté au moment où Clair-de-Lune allait chèrement disputer sa capture au mulâtre.

Le torrent béant, profond, est ouvert sous les pas de Clair-de-Lune, qui voit l'infernal capitaine prendre Rosemonde évanouie, échevelée, dans ses bras.

et fuir au milieu des éclairs avec un éclat de rire ironique.

Alors le chevrier blanc grimpe d'un élan dans l'arbre qui surplombe le rocher, il se pend à l'une de ses branches flexibles, se balance une seconde sur le gouffre, et, la branche se courbant, comme un arc, sous le poids de son corps, il tombe sur l'autre bord!...

En reprenant sa position, la branche donne un élastique coup de fouet dans la figure du sénéchal, qui dégringole du haut du rocher jusque sur les pelouses vertes.

Et Clair-de-Lune, brandissant un poignard, se met à la poursuite du capitaine ravisseur, résolu de lui arracher sa chère maîtresse, ou de perdre la vie!...

IV

D'une tourelle isolée au milieu des ruines, laby-
rinthe impénétrable au seuil duquel la mort attend l'imprudent qui s'y aventure, — le capitaine
mulâtre a fait sa caverne.

C'est le soir : les roulements de la foudre s'apai-
sent par degrés, des éclairs indécis viennent mourir sur les vitraux d'une pièce étrange, où une
vieille négresse attend son maître.

C'est Blanche de Lys, la satanée camériste de
Sombraccueil. Les brigands ivres lui ont donné ce

sobriquet une nuit d'orgie qu'on avait rapporté de fameuses dépouilles, et le surnom lui est resté.

Soudain Blanche de Lys se lève, prête l'oreille : on marche sur les dalles de l'escalier de la tourelle...

— Ah! ah!... quelqu'un de la bande! se dit-elle.

C'est Sombraccueil lui-même.

Il arrive avec une joie féroce, tenant Rosemonde évanouie dans ses bras. Il la dépose sur un fauteuil.

Le mulâtre ordonne à l'affreuse vieille de faire en sorte que rien ne manque à cette jeune fille, sa nouvelle conquête...

— Ah! petite blanche bien jolie! fait la vieille avec un ricanement diabolique.

— Allons! ôte-toi de là, et pas de réflexions, interrompt le mulâtre en bousculant Blanche de Lys, qui perd l'équilibre. Va me chercher quelques vins fins. — Dépêche-toi!...

La vieille négresse se garde bien de répliquer, elle obéit passivement.

Demeuré seul avec Rosemonde, Sombraccueil la contemple d'un air radieux.

— Enfin je triomphe!... Elle m'appartient! Est-elle assez belle!... Il passe avec un frissonnement voluptueux sa main bistrée sur les boucles ondoyantes de la chevelure blonde de la châtelaine... écarte son voile... les dentelles qui enveloppent sa tête de madone.

Rosemonde fait un mouvement... Sombraccueil s'agenouille à ses côtés, enlace de ses bras la taille svelte de la jeune fille, et l'enveloppe de son regard fiévreux, comme un serpent sa proie.

La pauvre enfant se passe la main sur le front et semble se réveiller d'un songe pénible.

Elle est saisie d'épouvante en reconnaissant le mulâtre, et s'éloigne vivement de lui.

Sombraccueil cherche à la rassurer. Il lui dit qu'elle est ici maîtresse souveraine, qu'il ne veut lui faire aucun mal, et il la supplie de revenir s'asseoir sur ce fauteuil, promettant de lui obéir en tout tel qu'un esclave.

Rosemonde le repousse avec dédain, avec mépris.

La vieille négresse revient en rapportant un petit

guéridon couvert de mets, de fioles, de fruits, sur
lequel brûle une bougie rose.

La jeune fille implore vainement la protection de
Blanche de Lys. — A qui s'adresse-t-elle ! bon Dieu !

Toutes les tentatives que fait le capitaine mulâtre
pour apaiser sa jeune captive sont inutiles. Elle lui
témoigne son horreur, sa répulsion, avec un senti-
ment si énergique... Elle recule avec tant de dé-
goût à chacune de ses protestations hypocrites, que
la nature féroce de Sombraccueil reprend immédia-
tement le dessus.

— Ah ! c'est ainsi ! fait-il, la menace à la bouche, avec un mouvement de rage : eh bien, je triom-
pherai de vous par la violence ; songez-y !... Je vous
laisse cinq minutes pour réfléchir... Je vais pres-
crire à tous mes hommes de faire bonne garde, de
s'armer et de se tenir sur le qui-vive !... Et vous
m'appartiendrez ! par sang-dieu ! de gré ou de force.

— Suis-moi, toi ! fait-il à Blanche de Lys, qui,
de son côté, gourmande Rosemonde et semble lui
dire que toutes ces façons n'aboutiront absolument
à rien.

Sombraccueil et la vieille négresse sortent avec un regard de menace.

Rosemonde, pâle, chancelante, plus morte que vive, tire vivement le verrou de la porte par laquelle viennent de sortir le capitaine mulâtre et l'effroyable vieille.

— Ah! mon Dieu! dit-elle en s'agenouillant avec des larmes, mon Dieu! qui me sauvera!...

— Moi! s'écrie une voix qui dégringole par la cheminée. C'est Clair-de-Lune, le corps enveloppé d'une solide échelle de corde et les vêtements tout couverts de suie.

En l'apercevant, Rosemonde court à lui.

— Ah! mon ami fidèle!.. Mais hélas! plus d'espoir! Ici que peux-tu faire?...

— Il n'y a pas de temps à perdre, dit le chevrier blanc, il faut vous délivrer.

Rosemonde lui indique qu'elle a tiré le verrou de la porte du boudoir.

— Bah! fait Clair-de-Lune, qu'est-ce que cela pour ce maudit mulâtre? Il défoncera la porte.

Et il se met en devoir de dérouler, par la fenêtre

du fond, sa longue échelle de corde. — Je connais ces ruines, dit-il : le bas de cette tourelle donne dans des douves sombres; dix paysans résolus y sont appostés, décidés à mourir pour vous sauver... Une fois en bas, cinq minutes de marche, puis, par un sentier secret que je leur ai indiqué, c'est la forêt, la liberté, la campagne!...

Et en disant cela. Clair-de-Lune soutient l'échelle de ses bras nerveux; aussitôt par cette échelle paraît Ulric, qui enjambe vivement la fenêtre.

— Ah! c'est vous! s'écrie Rosemonde.

— Oui, oui, partez! fait le jeune homme, pendant que moi, je veille à cette porte... et il garde ce seul endroit par lequel puisse revenir le bandit.

Sombraccueil frappe en dehors à la porte qu'il trouve fermée au verrou.

Et, dans le couloir, on entend d'une voix de tonnerre : Ouvrez! mille dieux! voulez-vous ouvrir? ..

Mais Clair-de-Lune a déjà fait échapper Rosemonde par l'échelle de corde.

— A vous! à vous! bien vite!... dit le chevrier à Ulric.

Et, pendant que Sombraccueil fait retentir les voûtes du couloir de ses imprécations et ébranle fortement la porte, Ulric disparaît par le même chemin.

O bonheur! les deux amants touchent le sol!...

Tout à coup Clair-de-Lune étouffe un cri. L'échelle de corde, qu'il voulait lier à la croisée pour s'enfuir à son tour, vient de lui échapper et de tomber dans les douves.

Jarnigué!... se dit-il, me v'là dans une ratière. Prisonnier! tout seul ici! chez ce farouche mulâtre. Je suis joli garçon... Il ne va faire qu'une bouchée de moi, c'est sûr!...

Clair-de-Lune va, vient, dans l'appartement, comme un pauvre pierrot en cage.

Il trouve sur ses pas le voile blanc oublié par Rosemonde.

Il se l'entortille autour de la tête en forme de turban.

— Non! c'est impossible! se dit-il; il ne me prendra jamais pour elle...

En promenant partout son regard effaré, le chevrier avise à la croisée un grand rideau de damas avec cordelières.

Cette trouvaille le fait bondir.

Il décroche vivement le rideau.

— Et bleu! s'écrie-t-il, couleur de la robe de mam'selle Rosemonde!...

Il déchire l'étoffe, y passe la tête, et se sanglant le corps de la cordelière, le voilà qui s'improvise, en moins de temps qu'il ne faut pour l'écrire, une taille, une jupe, une robe à laquelle il donne complaisamment, sur le train de derrière, tout le ballon possible. — Oui; mais, pense-t-il, j'ai la gorge bien plate. Ce brigand-là n'aime probablement pas les femmes maigres. Si j'y mettais le coussin de ce fauteuil!

Cette poitrine lui paraissant surabondante, Clair-de-Lune se résigne à loger sur son estomac un petit édredon rondelet qui prêtera assez à l'illusion.

Puis il campe le voile blanc par-dessus tout cela, souffle la bougie et s'enfonce dans le fauteuil.

Fichtre! il était temps, car Sombraccueil, à

Il remet à la jeune châtelaine, qui atteint ce jour même sa majorité, le parchemin, titre de possession du manoir de Loréal, sans lui parler de tous les trésors qui y sont enfouis et qui l'y attendent.

Rosemonde tend avec amour ce parchemin à Ulric, qui se jette aux genoux de sa future et lui baise les mains d'effusion.

Quant à Clair-de-Lune, il fait signe que sa mission est remplie, et que maintenant il retourne à ses chèvres.

Mais Poteluchette, dotée par Rosemonde, passe gaiement son bras sous celui du chevrier.

— Et moi, lui dit-elle, tu ne m'aimes donc plus?

— Madame la comtesse, fait le berger à Rosemonde, avec un salut respectueux, en prenant Poteluchette par la main, je vous présente m'ame Clair-de-Lune, la femme du *chevrier blanc*.

FIN

bout de patience, vient d'enfoncer la porte d'un coup de pied herculéen.

Le capitaine mulâtre s'avance à tâtons vers le fauteuil où il avait laissé Rosemonde.

— Oh! ne me touchez pas! s'écrie Clair-de-Lune, avec un soubresaut comique, en imitant la jeune comtesse.

Sombraccueil couve la fausse jeune fille d'un sourire cafard.

— Ah! ah! elle s'apprivoise, pense-t-il.

Claire-de-Lune conjure le bandit de ne pas abuser de son innocence.

— Mon Dieu! je ne vous mangerai pas, fait le mulâtre, qui flatte, presse et lutine Clair-de-Lune, dont il convoite les appas.

Le chevrier profite de ce débat grotesque de galanterie pour boire à même les fioles, tantôt quelques gorgées d'alicante et de malvoisie, tantôt pour engloutir quelques gâteaux qu'il prend sur le guéridon, placé à portée de sa main.

Tant d'émotions l'ont creusé!..

Les étreintes de Sombraccueil sont des plus signilicatives, quand la vieille négresse arrive avec un bougeoir allumé.

La stupéfaction et la fureur du mulâtre sont à leur comble en reconnaissant Clair-de-Lune sous cet accoutrement impossible.

— A mort! s'écrie-t-il en bondissant vers la table, où il s'empare d'un couteau.

Puis, faisant un pas vers la porte :

A moi! mes compagnons!...

Les brigands accourent à sa voix.

Clair-de-Lune se précipite sur la vieille négresse dont il se plastronne; il jette à la tête des bandits les coussins du fauteuil, dans lesquels pleuvent vingt coups de poignard; il se fait une égide des chaises, du guéridon, de tout ce qui se trouve sur son passage, et d'un saut il disparaît par la fenêtre, se cramponnant en dehors comme un vrai chat à un cep de vigne tortu, courbé, grimpant, qui d'un étage à l'autre éparpille ses rameaux sur le mur du vieux donjon.

Nous ne pouvons dire comment l'alerte chevrier

arrive miraculeusement au bas de la tourelle; toujours est-il qu'il échappe aux bandits furieux, qui, par la croisée, promènent longtemps dans le vide leurs armes blanches en le menaçant.

V

Rosemonde de Loréal vient d'être ramenée, saine et sauve, à son manoir par Ulric.

Mais Clair-de-Lune, qui paraît tout essoufflé, donne l'alerte au jeune officier, à Poteluchette, à tous les gens du château.

La bande de malandrins du capitaine Sombrac-cueil arrive en armes, elle marche sur le manoir, dont elle vient faire le sac. Le chevrier a positive-ment vu, à un quart de lieue de là, le mulâtre à la tête des bandits, les excitant de la voix et du geste.

— Allons, fait Clair-de-Lune, il faut soulever le hameau, armer les paysans, opposer une valeureuse résistance.

Il distribue lui-même les faux, les pelles, les pioches, les gaules, les râteaux, les bâtons, les marteaux, les ferrets, les serpes, les broches, les faucilles. Les femmes aussi s'arment, ne se possèdent plus : il s'agit de sauver leur chère châtelaine.

Au milieu de cette belliqueuse émeute, le vieux sénéchal est fort malmené par les villageois. On l'accuse de traître, de félon, de perfide. Les fourches le tiennent en respect et le gardent à vue. Mais devant le portail du château s'entend déjà un cliquetis d'épées. C'est Ulric et Sombraccueil qui se portent des bottes meurtrières. Le mulâtre, qui précède sa troupe, a retrouvé le premier, sur le seuil de la porte du manoir, l'intrépide officier.

Tous deux sont adroits, souples, agiles, déterminés ; leurs épées luisent, se cherchent, se dégagent, se heurtent, se tourmentent, s'envoient la mort.

Sombraccueil est soudain désarmé par une vigoureuse passe de dague.

Deux de ses brigands, qui ont déjà pénétré dans

le château, lui en facilitent tout à coup l'accès. Il échappe ainsi à Ulric et referme vivement la porte sur le jeune homme, qui voit, lui dehors, son ennemi dans la place.

Une effroyable bagarre se passe alors dans le château.

Clair-de-Lune, poursuivi de fenêtre en fenêtre par plusieurs bandits, fait un véritable abatis de tout ce qui lui tombe sous la main.

C'est un lion.

Il se multiplie, on le voit partout, tantôt aux croisées du rez-de-chaussée, tantôt à celles du premier étage, tantôt aux lucarnes les plus élevées, frappant, poursuivant les voleurs, luttant à bras-le-corps avec les plus acharnés, les faisant dégringoler sur le pavé, où ils se cassent les reins.

Pendant que les paysans poursuivent les scélérats à coups de fourche et les traquent par toutes les avenues, Clair-de-Lune, armé d'un immense sabre, coupe, pique, taille, tranche chaque assaillant sans crier gare.

Bras, jambes, têtes de gredins, se détachent des fenêtres du château et pleuvent comme grêle sur le sol. Ah! il peut se vanter de faire maison nette.

Apercevant la vieille négresse de la caverne, qui survient tout ahurie, — on n'a jamais pu savoir pourquoi, — au milieu de cette mêlée, Clair-de-Lune la garde pour la bonne bouche; il la soufflette à coups de poêlon, la tourne et la retourne comme une omelette, en l'aveuglant de poignées de farine.

— A frire! à frire! s'écrie-t-il après l'avoir rendue toute blanche, et il la poursuit, en lui ajustant comiquement le bas des reins dans la cavité de la poêle.

Sombraccueil, non sans avoir fait quelques victimes, a cependant pu ressaisir l'infortunée Rosemonde. Il entraine la jeune comtesse, malgré ses cris, quand un des traits d'arbalète qui pleuvent des fenêtres du château le traverse d'outre en outre.

Le capitaine mulâtre pirouette sur lui-même avec un cri déchirant, puis s'affaisse et tombe roide mort.

Clair-de-Lune reparaît alors rayonnant entre Ulric, Rosemonde et Poteluchette, qui viennent de se rejoindre.

www.ingramcontent.com/pod-product-compliance
Lightning Source LLC
LaVergne TN
LVHW022324170726
843503LV00006B/2688